Renate Sültz & Uwe H. Sültz

Mein Tagebuch

Mein Name:

BoD - Books on Demand

Norderstedt 2016

Bibliografische Information  Deutsche Nationalbibliothek

Die Deutsche Nationalbibliot   hnet diese Publikation in der
Deutschen Nationalbibliografie   e bibliografische Daten sind im
Internet über http://dnb.dnb.de abrufbar.

Herstellung und Verlag: BoD – Books on Demand, Norderstedt

ISBN 978-3-837-02129-5

Mein Tag...

Datum:

M
Di
M
Do
Fr
Sa
So

Mein Tag...

Datum:

M
Di
M
Do
Fr
Sa
So

Mein Tag...

Datum:

M
Di
M
Do
Fr
Sa
So

Mein Tag...

Datum:

M
Di
M
Do
Fr
Sa
So

Mein Tag...

Datum:

M
Di
M
Do
Fr
Sa
So

Mein Tag...

Datum:

M
Di
M
Do
Fr
Sa
So

Mein Tag...

Datum:

M
Di
M
Do
Fr
Sa
So

Mein Tag...

Datum:

M
Di
M
Do
Fr
Sa
So

Mein Tag...

Datum:

M
Di
M
Do
Fr
Sa
So

Mein Tag...   Datum:

M
Di
M
Do
Fr
Sa
So

Mein Tag...

Datum:

M
Di
M
Do
Fr
Sa
So

Mein Tag...

Datum:

M
Di
M
Do
Fr
Sa
So

Mein Tag...

Datum:

M
Di
M
Do
Fr
Sa
So

Mein Tag...

Datum:

M
Di
M
Do
Fr
Sa
So

Mein Tag...

Datum:

M
Di
M
Do
Fr
Sa
So

Mein Tag...

Datum:

M
Di
M
Do
Fr
Sa
So

Mein Tag...

Datum:

M
Di
M
Do
Fr
Sa
So

Mein Tag...

Datum:

M
Di
M
Do
Fr
Sa
So

Mein Tag...

Datum:

M
Di
M
Do
Fr
Sa
So

Mein Tag...

Datum:

M
Di
M
Do
Fr
Sa
So

Mein Tag...

Datum:

M
Di
M
Do
Fr
Sa
So

Mein Tag...

Datum:

M
Di
M
Do
Fr
Sa
So

Mein Tag...

Datum:

M
Di
M
Do
Fr
Sa
So

Mein Tag...

Datum:

M
Di
M
Do
Fr
Sa
So

Mein Tag...

Datum:

M
Di
M
Do
Fr
Sa
So

Mein Tag...

Datum:

M
Di
M
Do
Fr
Sa
So

Mein Tag...

Datum:

M
Di
M
Do
Fr
Sa
So

Mein Tag...

Datum:

M
Di
M
Do
Fr
Sa
So

Mein Tag...

Datum:

M
Di
M
Do
Fr
Sa
So

Mein Tag...

Datum:

M
Di
M
Do
Fr
Sa
So

Mein Tag...

Datum:

M
Di
M
Do
Fr
Sa
So

Mein Tag...

Datum:

M
Di
M
Do
Fr
Sa
So

Mein Tag...

Datum:

M
Di
M
Do
Fr
Sa
So

Mein Tag...

Datum:

M
Di
M
Do
Fr
Sa
So

Mein Tag...

Datum:

M
Di
M
Do
Fr
Sa
So

Mein Tag...

Datum:

M
Di
M
Do
Fr
Sa
So

Mein Tag...

Datum:

M
Di
M
Do
Fr
Sa
So

Mein Tag...

Datum:

M
Di
M
Do
Fr
Sa
So

Mein Tag...

Datum:

M
Di
M
Do
Fr
Sa
So

Mein Tag...

Datum:

M
Di
M
Do
Fr
Sa
So

Mein Tag...

Datum:

M
Di
M
Do
Fr
Sa
So

Mein Tag...

Datum:

M
Di
M
Do
Fr
Sa
So

Mein Tag...

Datum:

M
Di
M
Do
Fr
Sa
So

Mein Tag...

Datum:

M
Di
M
Do
Fr
Sa
So

Mein Tag...

Datum:

M
Di
M
Do
Fr
Sa
So

Mein Tag...

Datum:

M
Di
M
Do
Fr
Sa
So

Mein Tag...

Datum:

M
Di
M
Do
Fr
Sa
So

Mein Tag...

Datum:

M
Di
M
Do
Fr
Sa
So

Mein Tag...

Datum:

M
Di
M
Do
Fr
Sa
So

Mein Tag...

Datum:

M
Di
M
Do
Fr
Sa
So

Mein Tag...

Datum:

M
Di
M
Do
Fr
Sa
So

Mein Tag...

Datum:

M
Di
M
Do
Fr
Sa
So

Mein Tag...

Datum:

M
Di
M
Do
Fr
Sa
So

Mein Tag...

Datum:

M
Di
M
Do
Fr
Sa
So

Mein Tag...

Datum:

M
Di
M
Do
Fr
Sa
So

Mein Tag...

Datum:

M
Di
M
Do
Fr
Sa
So

Mein Tag...

Datum:

M
Di
M
Do
Fr
Sa
So

Mein Tag...

Datum:

M
Di
M
Do
Fr
Sa
So

Mein Tag...

Datum:

M
Di
M
Do
Fr
Sa
So

Mein Tag...

Datum:

M
Di
M
Do
Fr
Sa
So

Mein Tag...

Datum:

M
Di
M
Do
Fr
Sa
So

Mein Tag...

Datum:

M
Di
M
Do
Fr
Sa
So

Mein Tag...

Datum:

M
Di
M
Do
Fr
Sa
So

Mein Tag...

Datum:

M
Di
M
Do
Fr
Sa
So

Mein Tag...

Datum:

M
Di
M
Do
Fr
Sa
So

Mein Tag...

Datum:

M
Di
M
Do
Fr
Sa
So

Mein Tag...

Datum:

M
Di
M
Do
Fr
Sa
So

Mein Tag...

Datum:

M
Di
M
Do
Fr
Sa
So

Mein Tag...

Datum:

M
Di
M
Do
Fr
Sa
So

Mein Tag...

Datum:

M
Di
M
Do
Fr
Sa
So

Mein Tag...

Datum:

M
Di
M
Do
Fr
Sa
So

Mein Tag...

Datum:

M
Di
M
Do
Fr
Sa
So

Mein Tag...

Datum:

M
Di
M
Do
Fr
Sa
So

Mein Tag...

Datum:

M
Di
M
Do
Fr
Sa
So

Mein Tag...

Datum:

M
Di
M
Do
Fr
Sa
So

Mein Tag...

Datum:

M
Di
M
Do
Fr
Sa
So

Mein Tag...

Datum:

M
Di
M
Do
Fr
Sa
So

Mein Tag...

Datum:

M
Di
M
Do
Fr
Sa
So

Mein Tag...

Datum:

M
Di
M
Do
Fr
Sa
So

Mein Tag...

Datum:

M
Di
M
Do
Fr
Sa
So

Mein Tag...

Datum:

M
Di
M
Do
Fr
Sa
So

Mein Tag...

Datum:

M
Di
M
Do
Fr
Sa
So

Mein Tag...

Datum:

M
Di
M
Do
Fr
Sa
So

Mein Tag...

Datum:

M
Di
M
Do
Fr
Sa
So

Mein Tag...

Datum:

M
Di
M
Do
Fr
Sa
So

Mein Tag...

Datum:

M
Di
M
Do
Fr
Sa
So

Mein Tag...

Datum:

M
Di
M
Do
Fr
Sa
So

Mein Tag...

Datum:

M
Di
M
Do
Fr
Sa
So

Mein Tag...

Datum:

M
Di
M
Do
Fr
Sa
So

Mein Tag...

Datum:

M
Di
M
Do
Fr
Sa
So

Mein Tag...

Datum:

M
Di
M
Do
Fr
Sa
So

Mein Tag...

Datum:

M
Di
M
Do
Fr
Sa
So

Mein Tag...

Datum:

M
Di
M
Do
Fr
Sa
So

Mein Tag...

Datum:

M
Di
M
Do
Fr
Sa
So

Mein Tag...

Datum:

M
Di
M
Do
Fr
Sa
So

Mein Tag...

Datum:

M
Di
M
Do
Fr
Sa
So

Mein Tag...

Datum:

M
Di
M
Do
Fr
Sa
So

Mein Tag...

Datum:

M
Di
M
Do
Fr
Sa
So

Mein Tag...

Datum:

M
Di
M
Do
Fr
Sa
So

Mein Tag...

Datum:

M
Di
M
Do
Fr
Sa
So

Mein Tag...

Datum:

M
Di
M
Do
Fr
Sa
So

Mein Tag...

Datum:

M
Di
M
Do
Fr
Sa
So

Mein Tag...

Datum:

M
Di
M
Do
Fr
Sa
So

Mein Tag...

Datum:

M
Di
M
Do
Fr
Sa
So

Mein Tag...

Datum:

M
Di
M
Do
Fr
Sa
So

Mein Tag...

Datum:

M
Di
M
Do
Fr
Sa
So

Mein Tag...

Datum:

M
Di
M
Do
Fr
Sa
So

Mein Tag...

Datum:

M
Di
M
Do
Fr
Sa
So

Mein Tag...

Datum:

M
Di
M
Do
Fr
Sa
So

Mein Tag...

Datum:

M
Di
M
Do
Fr
Sa
So

Mein Tag...

Datum:

M
Di
M
Do
Fr
Sa
So

Mein Tag...

Datum:

M
Di
M
Do
Fr
Sa
So

Mein Tag...

Datum:

M
Di
M
Do
Fr
Sa
So

Mein Tag...

Datum:

M
Di
M
Do
Fr
Sa
So

Mein Tag...

Datum:

M
Di
M
Do
Fr
Sa
So

Mein Tag...

Datum:

M
Di
M
Do
Fr
Sa
So

Mein Tag...

Datum:

M
Di
M
Do
Fr
Sa
So

Mein Tag...

Datum:

M
Di
M
Do
Fr
Sa
So

Mein Tag...

Datum:

M
Di
M
Do
Fr
Sa
So

Mein Tag...

Datum:

M
Di
M
Do
Fr
Sa
So

Mein Tag...

Datum:

M
Di
M
Do
Fr
Sa
So

Mein Tag...

Datum:

M
Di
M
Do
Fr
Sa
So

Mein Tag...

Datum:

M
Di
M
Do
Fr
Sa
So

Mein Tag...

Datum:

M
Di
M
Do
Fr
Sa
So

Mein Tag...

Datum:

M
Di
M
Do
Fr
Sa
So

Mein Tag...

Datum:

M
Di
M
Do
Fr
Sa
So

Mein Tag...

Datum:

M
Di
M
Do
Fr
Sa
So

Mein Tag...

Datum:

M
Di
M
Do
Fr
Sa
So

Mein Tag...

Datum:

M
Di
M
Do
Fr
Sa
So

Mein Tag...

Datum:

M
Di
M
Do
Fr
Sa
So

Mein Tag...

Datum:

M
Di
M
Do
Fr
Sa
So

Mein Tag...

Datum:

M
Di
M
Do
Fr
Sa
So

Mein Tag...

Datum:

M
Di
M
Do
Fr
Sa
So

Mein Tag...

Datum:

M
Di
M
Do
Fr
Sa
So

Mein Tag...

Datum:

M
Di
M
Do
Fr
Sa
So

Mein Tag...

Datum:

M
Di
M
Do
Fr
Sa
So